Sur les pas

MAILLEZAIS

d'une abbaye millénaire

Direction du Patrimoine Culturel

VENDÉE
CONSEIL GÉNÉRAL

UITGEVERIJ
snoeck
EDITIONS / PUBLISHERS

Préface

Forteresse, abbaye puis évêché : ici, à Maillezais, l'histoire est à fleur de pierre. Celle de toute une région, depuis les invasions normandes dans le golfe des Pictons jusqu'aux terribles guerres de Religion, en passant par l'aménagement du Marais Poitevin. Mais celle également d'un lieu unique, modelé par l'art autant que par la prière de ceux qui l'ont occupé.

Ces deux histoires forment la clé de voûte de Maillezais. Elles sont au centre de l'ouvrage que nous vous proposons et au cœur de l'action que mène le Conseil général pour valoriser ce site exceptionnel.

Car l'art sacré n'est pas un art dépassé. C'est l'expression puissante d'une quête esthétique et spirituelle à travers les âges, qui se poursuit encore aujourd'hui, sous d'autres formes, pour inspirer notre avenir commun.

Bruno Retailleau
Président du Conseil général de la Vendée

Introduction

Classée monument historique en 1924, l'abbaye de Maillezais est l'un des principaux centres culturels du département de la Vendée. Riche de 1 000 ans d'histoire, forteresse, abbaye puis évêché, poumon culturel et économique, Saint-Pierre a toujours été un modèle de référence du Bas-Poitou. Ce site à la renommée internationale occupe une place majeure, tant sur le plan religieux qu'artistique. Surplombant les canaux du Marais Poitevin, les vestiges majestueux de son abbatiale-cathédrale conservent des éléments exceptionnels, constituant un patrimoine unique dont nous sommes les héritiers.

L'abbaye de Maillezais a toujours attiré les érudits locaux et les chercheurs : l'interprétation de ses murs résulte d'un travail de longue haleine. Les fouilles archéologiques effectuées sur le site ont révélé un important mobilier qui a fait l'objet, ces dernières années, d'études pluridisciplinaires. Celles-ci offrent une vision renouvelée et améliorent notre connaissance de ce site millénaire. Sur les routes de Saint-Jacques, l'abbaye de Maillezais doit désormais être perçue comme un satellite, membre du réseau appartenant à la grande abbaye de Cluny.

Cet ouvrage invite le lecteur à découvrir les grandes étapes de l'histoire de cet ensemble unique, d'en comprendre l'architecture, mais aussi d'imaginer son organisation.

Christophe Vital,
Directeur du Patrimoine Culturel

Sommaire

Maillezais, une abbaye devenue évêché

Les vestiges qui s'imposent aujourd'hui à notre regard illustrent l'histoire d'un monastère devenu l'un des plus puissants édifices du Poitou : l'abbaye Saint-Pierre de Maillezais. L'ensemble monastique fut construit sur un îlot calcaire de l'ancien golfe des Pictons, actuel Marais Poitevin. Au cours du xe siècle, ce golfe fut constamment envahi par les Normands. Afin de protéger son territoire des invasions venues de la côte, le comte de Poitou et duc d'Aquitaine Guillaume IV, dit Fier à Bras, décida d'édifier un château fort en bordure de plateau, sur un éperon de l'île de Maillezais.

Les vestiges de l'abbatiale-cathédrale : le massif occidental, le mur gouttereau et le bras nord du transept

Les origines

La fondation de l'abbaye de Maillezais nous est connue par un unique document, *La Chronique de Maillezais*, écrite autour de 1060 par un moine prénommé Pierre. Son récit se déroule au siècle précédent, en 987. La forteresse édifiée par les comtes de Poitou servait alors de résidence de chasse. Selon la légende, Gaucelme, l'un des chevaliers du duc, partit à la poursuite d'un énorme sanglier que les hommes traquaient depuis plusieurs jours. Le pourchassant à travers les fourrés, il finit par trouver la bête réfugiée au milieu des ruines d'une ancienne chapelle. Pris de peur, le chevalier se saisit alors de l'une des pierres de l'autel et tua l'animal. Mais il fut soudain frappé d'un mal étrange, se retrouvant aveuglé et paralysé. La duchesse Emma d'Aquitaine, comprenant que Gaucelme venait de profaner un sanctuaire, vit dans cette tragédie un signe de Dieu. Afin de réparer la faute du chevalier, elle décida de faire élever un monastère bénédictin à l'emplacement de l'ancienne chapelle, sur la commune voisine de Saint-Pierre-le-Vieux. Si cette histoire demeure une légende, il est cependant certain que le tout premier monastère fut édifié dans ce village voisin de Maillezais, et que ce n'est que lorsque Théodelin, abbé désigné à la tête du nouvel établissement monastique, sollicita auprès du duc l'ancienne forteresse des comtes de Poitou, que l'abbaye put être transférée à Maillezais. La donation se fit en 1003, et la toute première église du monastère fut consacrée en 1010.

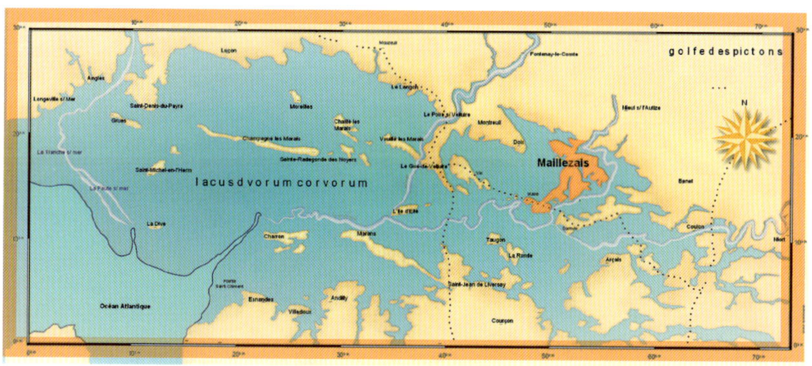

Une presqu'île au cœur de l'ancien golfe des Pictons, actuel Marais Poitevin

Théodelin, un abbé audacieux

À l'époque médiévale, tout sanctuaire souhaitant devenir centre de pèlerinage se devait de posséder des reliques, restes matériels ayant appartenu à un saint (partie de son corps, objets, etc.). L'abbé Théodelin, désireux d'augmenter le prestige de la nouvelle abbaye de Maillezais, chercha par tous les moyens à la doter de reliques. Son besoin était si grand qu'il alla jusqu'à se risquer au vol en cachant dans sa bouche, lors d'une ostension à Saint-Jean-d'Angély, une dent de saint Jean-Baptiste !

Cet épisode est retracé dans la *Chronique* du moine Pierre : « *À la fin, quand tous eurent donné leur accord pour qu'il fût remis en place, il simula une longue, interminable oraison et il cacha dans sa bouche une des saintes dents. Mais le voilà aussitôt frappé d'un coup qu'il avait bien mérité, puisqu'il perdit la vue : alors il se met à raconter à l'assistance, non sans honte, ce qu'il avait fait, pour reconnaître ensuite que c'est à juste titre qu'il a été durement frappé dans ses facultés.* »

Crosse d'abbé à émail champlevé, 1er quart du XIIIe siècle, retrouvée dans une tombe de la galerie nord du cloître en 1958
Collection privée

Maillezais, de l'abbaye à l'évêché

Grâce aux nombreuses donations de Guillaume Fier à Bras et de ses successeurs, Maillezais devint très vite l'un des établissements monastiques les plus influents et les plus prospères du Poitou. En refusant la couronne impériale que lui proposait l'Italie, Guillaume V, plus connu sous le nom de Guillaume le Grand, préféra se retirer au monastère de Maillezais. Il y demeura jusqu'à sa mort en 1030, donnant l'exemple à deux de ses fils, Eudes et Guillaume. L'abbaye du marais, si chère aux ducs d'Aquitaine, devint dès lors leur nécropole.

Grâce à l'acquisition, dès 1015, des reliques de saint Rigomer, ancien prêtre et évangélisateur de la région du Mans au VIe siècle, l'abbaye de Théodelin attira de plus en plus de pèlerins en chemin pour Saint-Jacques-de-Compostelle et devint un lieu de culte incontournable en Poitou. À partir des années 1050, face à l'augmentation croissante du nombre de visiteurs, l'abbé Goderan, nouvellement élu, entreprit de transformer l'abbatiale en un édifice de plus grande ampleur. La dotant d'un nouveau chœur et d'un puissant massif d'entrée, l'ancien chapelain de Cluny plaça la jeune abbaye au rang des grands établissements du Bas-Poitou.

Tout au long des XIe et XIIe siècles, l'abbaye de Maillezais, loin d'être en marge du monde extérieur, participa pleinement à la vie économique et politique du Bas-Poitou. Se plaçant en véritable seigneurie ecclésiastique et féodale, elle accumula terres et richesses, mais suscita en retour la jalousie des seigneurs locaux, à l'origine de nombreuses querelles. La plus importante d'entre elles émana de la lignée des Chabot qui, contrôlant déjà les terres voisines de Mervent-Vouvant, revendiquait des droits sur Maillezais. Après un conflit juridique interminable, le passage à l'acte fut finalement effectué par Geoffroy II de Lusignan, seigneur de Mervent, Vouvant et Montcontour. En 1225, l'homme, réputé pour ses coups de sang, prit les armes et entra en guerre ouverte contre l'abbaye et ses prieurés qu'il pilla et incendia à plusieurs reprises. Frappé d'excommunication, Geoffroy se rendit en pèlerinage à Rome pour implorer le pardon du Saint-Siège. Au pape et à l'abbé mallacéen, il promit de restituer, jusqu'à la dernière pierre tombée, le monastère de Maillezais. Chose promise, chose due ! Grâce à Geoffroy de Lusignan et ses débordements, l'abbaye du marais profita d'un renouveau architectural qui la métamorphosa et la magnifia durablement.

Gisant de Goderan, XIIIe siècle, abbé de Maillezais de 1060 à 1073, découvert dans la nef de l'abbatiale en 1834

Geoffroy incendiant l'abbaye de Maillezais, *Roman de Mélusine* – Couldrette, XVe siècle
BNF – Département des Manuscrits

Geoffroy de Lusignan, un homme légendaire...

De nombreuses légendes furent attribuées au personnage de Geoffroy de Lusignan. L'une d'elles le décrit comme l'un des dix fils de la fée Mélusine, d'après les romans épiques de Couldrette et de Jean d'Arras. Issus d'une union interdite avec un mortel, les garçons seraient nés affligés d'une tare, prenant pour Geoffroy la forme d'une « Grand'dent ». Mais une autre légende voudrait que le seigneur de Lusignan fût un descendant du célèbre Pantagruel créé par l'écrivain François Rabelais : le géant aurait en effet été le « grand-père du beau cousin de la sœur aînée de la tante du gendre de la bru de sa belle-mère » !

Tête sculptée de Geoffroy la Grand'dent, Renaissance - Découverte dans la nef de l'abbatiale en 1834

En 1317, l'évêché de Poitiers, qui représentait le plus vaste diocèse de France, comptabilisant 1 220 paroisses, 55 abbayes, 543 prieurés et 16 collégiales, fut divisé en trois. Les monastères de Maillezais et de Luçon, qui disposaient déjà d'une église ainsi que de l'ensemble du personnel et des bâtiments nécessaires au bon fonctionnement d'un évêché, furent élevés au rang de cités épiscopales par le pape Jean XXII. Geoffroy Pouvreau, alors abbé de Maillezais, en devint le tout premier évêque.

Bulle papale émise par Grégoire IX
– Pape de 1227 à 1241 –
Historial de la Vendée

Henri de Lancastre, *Garter book*, William de Bruges, XIVe siècle
British Library

Quelques années plus tard éclata la terrible guerre de Cent Ans. Pendant plus d'un siècle, entrecoupé de trêves, les royaumes de France et d'Angleterre, en désaccord sur des questions de succession, se livrèrent une lutte acharnée sur le sol français. Le nouvel évêché de Maillezais sembla échapper un temps au conflit, jusqu'en 1345. Sur ordre d'Édouard III d'Angleterre, le comte de Derby Henri de Lancastre débarqua en Aquitaine. À la tête d'une troupe d'Anglo-Saxons, il entreprit une terrible chevauchée à travers le Poitou, pillant et détruisant villages, monastères et abbayes. Maillezais vivait de nouveau dans la tourmente. Dans ce contexte de terreur, les villageois et les moines mallacéens décidèrent d'organiser la défense de l'île et n'hésitèrent pas à enfermer l'évêque Jean de Marçonnay, seul favorable à un ralliement anglais. En 1356, Poitiers tomba finalement aux mains des troupes d'Édouard III. Pendant une dizaine d'années, le Poitou demeura province anglaise, renforçant ainsi le sentiment d'insécurité ressenti par la population depuis le début du conflit. Ce sentiment perdura bien au-delà puisque, malgré la reprise de la région par les armées françaises en 1372-1373, villages et campagnes continuèrent d'être la proie de bandes de « routiers » qui, profitant du trouble général, pillaient pour leur propre compte. C'est dans ce contexte que l'abbaye de Maillezais, obtenant du roi une sauvegarde royale, entreprit une grande campagne de fortifications axée sur la partie occidentale du site, dont elle n'eut cependant pas l'occasion de se servir.

Les fortifications du front occidental, vue sud-ouest

Le temps des soulèvements

Au XVIe siècle, le plus fameux des évêques, Geoffroy d'Estissac, introduisit l'art de la Renaissance en Poitou en reconstruisant entièrement le chœur de la cathédrale. Celle que l'on appelait déjà la « cathédrale du marais » se dressait désormais entre plaine et marais comme un véritable phare pour la région. Tout au long de son abbatiat, le mécène Geoffroy d'Estissac s'entoura d'artistes et sut faire de Maillezais un grand centre de vie intellectuelle. En 1524, il devint notamment le protecteur du jeune moine François Rabelais, issu du couvent des Cordeliers de Fontenay-le-Comte. Il en fit son secrétaire particulier et précepte de son neveu pendant cinq ans, avant que ce dernier ne décide de quitter l'habit de moine pour partir étudier à Paris et devenir, par la suite, le célèbre écrivain que l'on connaît aujourd'hui.

François Rabelais, gravure de Michel Lasne, XVIIe siècle
Musée national du château de Versailles

Clef de voûte sculptée aux armes de Geoffroy d'Estissac, Renaissance - Issue du chœur de la cathédrale

Lorsque Geoffroy d'Estissac mourut en 1542, il laissa une abbaye magnifiée, au sommet de sa gloire. Mais une gloire bien éphémère, puisque seulement quelques années plus tard, les terribles guerres de Religion l'entraînèrent dans une chute dont elle n'allait pas se relever. L'évêché de Maillezais, situé entre les forces protestantes réunies à La Rochelle, et l'armée catholique rassemblée à Fontenay-le-Comte, apparut vite comme un point stratégique à contrôler. Les assauts répétés des forces en action dévastèrent l'intégralité des bâtiments monastiques, et les moines furent contraints de quitter l'abbaye pour aller se réfugier dans les prieurés alentour. En 1589, le monastère passa aux mains des huguenots, et le gouvernement de Maillezais fut confié au chef militaire protestant Agrippa d'Aubigné. Pendant trente longues années, l'auteur des *Tragiques* et de l'*Histoire universelle* modifia durablement la physionomie du site, utilisant les pierres des bâtiments conventuels pour établir de nouvelles fortifications. Suite à la reprise de la région par le roi Louis XIII et Richelieu, l'évêché de Maillezais, dont l'état de ruine rendait impossible toute réhabilitation monastique, fut d'abord déplacé à Fontenay-le-Comte, avant d'être transféré définitivement à La Rochelle en 1648, sur décision du pape Innocent X.

Portrait du gouverneur Agrippa d'Aubigné (1552-1630)
Archives départementales de la Vendée

Celle qui fut pendant plus de deux siècles l'une des grandes dépendances clunisiennes influentes en Poitou, tomba peu à peu dans l'oubli. Le dernier coup fut donné en 1791 lorsque, pendant la Révolution française, l'abbaye abandonnée fut vendue comme bien national à des particuliers. Transformé en carrière de pierre, l'ancien évêché fut démantelé et les pierres sculptées remployées dans les habitations des villages alentour. Ce n'est qu'au XIXe siècle, grâce au rachat du site par deux érudits locaux, que le massacre prit fin, évitant la destruction totale de l'ancienne abbaye. Émus par la vision romanesque qu'offraient les vestiges du monastère déchu, les frères Edgar et Camille Bourloton, puis Poëy d'Avant s'engagèrent dans une véritable action de protection. Un acte bien récompensé lorsque l'abbaye fut classée, en 1924, monument historique. Maillezais sortit une nouvelle fois de l'ombre : sous l'impulsion de propriétaires privés, puis avec le rachat par le Conseil général de la Vendée en 1996, de nombreuses campagnes de fouilles et de restauration furent menées. En l'absence de sources, seule la combinaison de recherches historiques, architecturales et archéologiques peut offrir une analyse objective et servir à la restitution d'un site. Aujourd'hui, grâce à l'ensemble de ces actions, c'est un patrimoine sauvegardé, restauré et valorisé que des milliers de visiteurs découvrent chaque année à Maillezais.

Gabriel Robuchon dit Mérovak, *Vue idéalisée de l'abbaye de Maillezais*, 1898
Conseil général de la Vendée

Vue aérienne de l'abbaye depuis le sud-est

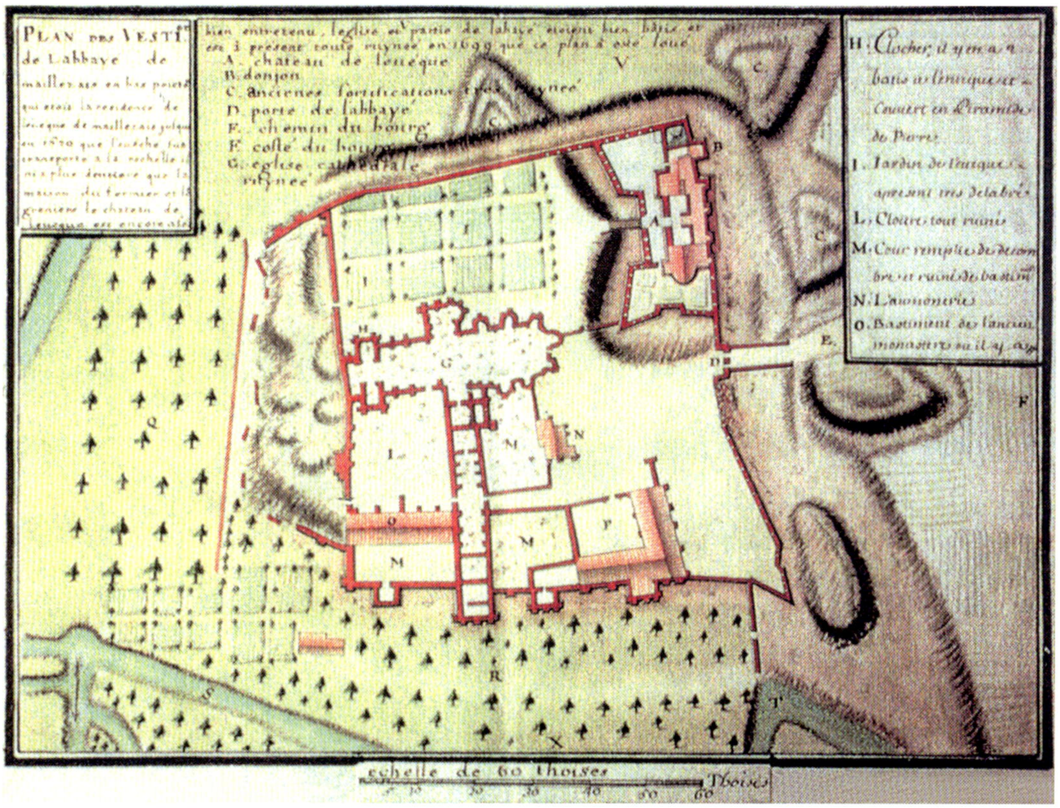

Plan de Claude Masse, 1699
Bibliothèque du Génie Civil, Vincennes

L'abbatiale-cathédrale de Maillezais, une histoire inscrite dans la pierre

Malgré son aspect ruiné et très fragmenté, l'abbatiale Saint-Pierre conserve des éléments d'architecture exceptionnels. L'ensemble des lignes témoigne de l'émergence de l'art roman en Poitou, puis de la transition du gothique à la Renaissance. Entamé dès le début du XIe siècle, puis profondément remanié entre le XIVe et le XVIe siècle, l'édifice constitue aujourd'hui un véritable manifeste de l'histoire des arts.

L'abbatiale-cathédrale de Maillezais, une nef occidentale romane ouvrant sur un transept gothique

De l'âge roman à la Renaissance

Édifiée au cours du XIe siècle sous l'impulsion de l'abbé Théodelin, puis de son successeur Goderan, la première abbatiale romane de Maillezais témoigne d'un essor économique associé aux réformes religieuses. Sur la façade occidentale primitive, les trois baies cintrées et moulurées du portail sont caractéristiques des constructions poitevines : elles privilégient la structure au décor. Suite à l'incendie de 1082 qui ravagea l'abbaye encore en chantier, on opta pour une architecture plus fonctionnelle, devant permettre à l'abbatiale d'être utilisée à la fois comme église monastique et comme sanctuaire de pèlerinage. Cette seconde campagne romane profita des mutations architecturales et artistiques pour entamer un programme novateur, et l'abbatiale Saint-Pierre fut munie des infrastructures nécessaires au culte des reliques : une large nef encadrée de bas-côtés, surplombée de tribunes, le tout couronné d'un chœur à déambulatoire à trois chapelles rayonnantes. Ainsi constitué, le nouvel édifice répondait aux exigences liées à l'accueil et à la circulation des laïcs, sans compromettre le bon déroulement des offices monastiques. À l'entrée, une avant-nef surmontée d'une salle haute condamna le portail primitif au profit d'une nouvelle façade imbriquée entre deux tours-porches. Sa silhouette, massive et élancée, comparable au portail de l'abbaye de Jumièges en Seine-Maritime, atteste la puissance de l'établissement bénédictin dès le XIIe siècle.

Portail de la première abbatiale romane de Théodolin, début du XIe siècle

Le massif occidental de Maillezais, composé d'une avant-nef et d'une chapelle haute, imbriquées entre deux tours-porches, fin du XIe siècle.

La façade occidentale de l'abbaye de Jumièges, fin du XIe siècle
Seine-Maritime

Modillon provenant des consoles sculptées du chevet de la seconde abbatiale romane, 1080

Chevet de Saint-Hilaire-le-Grand de Poitiers : série de modillons romans, XIe siècle

Les modillons au service de l'ornementation du chevet

La fouille du chœur de l'abbatiale Saint-Pierre, menée sous la direction de l'archéologue Thierry Cornec en 1997, amena la découverte d'une série unique en Bas-Poitou : dix fragments de modillons à copeaux et larges palmes furent retrouvés. Ce type de sculpture, propre aux créations romanes qui se développèrent dans la région à partir de la fin du XIe siècle, était généralement employé dans l'ornementation de la corniche du chevet. Un très bel exemple est conservé à l'église Saint-Hilaire à Poitiers.

À partir de 1317, l'abbé puis évêque de Maillezais Geoffroy Pouvreau profita du changement de statut de l'abbaye et de l'évolution des savoir-faire architecturaux pour restructurer son sanctuaire, tout en conservant les traces de son riche passé monastique. Lorsque l'on observe le mur nord de la nef, seul vestige encore en élévation du corps de l'abbatiale, on est surpris par la composition hétérogène de ses ouvertures. Sur un ensemble de sept travées d'origine romane, seules les trois dernières furent reprises selon les nouvelles formes gothiques. L'adoption d'une voûte d'ogive, légère et élancée, apporta à l'édifice une véritable unité, mais répondit surtout aux difficultés d'éclairage : la destruction des tribunes permit d'agrandir les baies puis d'en créer de nouvelles pour casser l'aspect froid et austère de l'architecture romane. Avec l'apport de l'art gothique, la décoration de l'abbatiale, qui témoigne d'une véritable maîtrise de la sculpture, gagna en raffinement. À l'intérieur de l'édifice, le décor sculpté et la modénature viennent corroborer ces nouveaux principes : les chapiteaux végétalisés adoptent une véritable unité de style. Les vestiges de la baie géminée conservée sur le transept nord présentent une composition fine et complexe, intégrant un élément gothique incontournable : le trilobe.

Il ne reste aujourd'hui plus rien de l'élévation du chœur Renaissance de Maillezais, nous obligeant à faire preuve d'imagination pour se faire une idée précise de l'ambitieux programme entrepris dès 1534 sous l'impulsion du prélat devenu mécène, Geoffroy d'Estissac. Pour séparer la nef du chœur liturgique, un jubé de pierre fut élevé à la croisée du transept, à la manière des grands arcs de triomphe monumentaux. Véritable clôture physique, il s'agissait en réalité d'un portique dorique richement décoré qui permettait aux fidèles d'apercevoir les célébrations. Marqué par les armes du commanditaire, le jubé devait illustrer sa puissance. Les fondations de celui de Maillezais furent dégagées par les archéologues à la fin des années 1990, et les rares vestiges retrouvés sont aujourd'hui conservés au musée d'Agesci à Niort. Profitant de la prospérité économique de son évêché, Geoffroy d'Estissac mit en place une architecture poussée à son paroxysme, synonyme de raffinement décoratif, issue du gothique flamboyant. En extériorisant sa cathédrale et en lui apportant l'élégance escomptée, le maître de Maillezais inscrivit ainsi son rayonnement et son pouvoir dans la pierre.

Elément du jubé de la cathédrale, Renaissance

La nef, une succession de baies non homogènes

Bras du transept nord : détail d'une baie à remplage, divisée en deux lancettes

Reconstitution au sol des piliers de la nef et des chœurs roman, gothique et Renaissance

Les chapiteaux du transept nord témoignent d'une sculpture raffinée

Fortification du front occidental, un repli de l'abbaye sur le cloître, vue intérieure

Fortification du front sud, une échauguette surplombant le port de Maillezais

Vestiges de la couronne de mâchicoulis

Le bastion huguenot : le palais épiscopal et le pont dormant

L'architecture militaire

Face aux nombreuses menaces auxquelles ils durent faire face, les moines de Maillezais furent contraints, à plusieurs reprises, de mettre en place une défense efficace sur l'ensemble du site. Associés à une première barrière naturelle de défense, ces quelques aménagements permirent à l'abbaye de garantir son intégrité.

Les transformations du front occidental datent principalement de la guerre de Cent Ans. L'accès principal du site fut fortifié, condamnant l'ensemble du parvis et transformant considérablement l'organisation de l'enceinte monastique. Ces aménagements reposèrent sur un repli de l'abbaye autour des bâtiments conventuels, tandis que les ouvrages défensifs se concentrèrent sur les bâtiments voués au culte, c'est-à-dire l'abbatiale. À cette époque, on se servait la plupart du temps des églises comme éléments de défense car, de par leur hauteur et leur masse, elles constituaient des bâtiments de protection efficaces. L'abbatiale Saint-Pierre fut donc dotée d'une architecture militaire qui lui apportait désormais une physionomie d'enceinte castrale. On commença par creuser une fosse en avant d'une porte fortifiée, aménagée dans le mur de clôture, à laquelle on ajouta une douve sèche de manière à enserrer et isoler totalement le cœur du monastère. Une dernière phase consista à protéger le plateau depuis le front ouest : l'entrée de l'abbatiale fut condamnée par la construction d'un imposant massif de maçonnerie, au sommet duquel on ajouta une courtine, surmontée d'une couronne de huit mâchicoulis. Un chemin de ronde fut également aménagé et les baies de la façade romane furent transformées en petites fentes d'éclairage.

Deux siècles plus tard, lorsque l'abbaye devint place de sûreté protestante, elle dut à nouveau être remise en état de défense. Dans ce but, le gouverneur Agrippa d'Aubigné choisit de réutiliser les matériaux déjà en place : les nombreuses pierres sculptées, retrouvées dans les murs qui encerclent l'abbaye, proviennent en grande partie de l'abbatiale. À l'est, la nouvelle citadelle huguenote, englobant l'ancien palais épiscopal, était le point culminant du plateau. Elle fut sertie d'une enceinte bastionnée, de manière à assurer le dernier réduit de la défense du site, et dotée d'une puissante batterie tournée vers l'isthme et le bourg de Maillezais. La porte piétonne et charretière par laquelle le visiteur entre aujourd'hui se présente sous la forme d'un avant-corps maçonné, précédé d'un fossé qui obligea l'installation de deux ponts-levis alors que la chaussée est accessible via un pont dormant en bois. Au sud, l'éperon fortifié est adossé à l'hôtellerie. Il est couronné d'une échauguette autrefois destinée à protéger le grand port de Maillezais situé à ses pieds. Agrippa d'Aubigné, qui maîtrisait l'art des fortifications, transforma ainsi l'ancien siège des évêques en un véritable centre de résistance, au détriment d'une abbatiale-cathédrale désormais ruinée.

Les mâchicoulis sur arcs, un exemple de fortification des églises médiévales

Mâchicoulis sur arcs du donjon de Niort, fin du XIIe siècle

La partie supérieure du mur nord extérieur de l'abbatiale, très endommagée, suggère la présence de mâchicoulis sur arcs aménagés entre les contreforts à l'occasion de la première campagne de fortification du site. Les baies hautes des tribunes offraient un accès direct aux galeries qui, grâce aux tirs plongeant des projectiles, permettaient une défense active de la base du mur. Désormais munie d'un véritable chemin de ronde, l'austère façade romane fortifiée servit de support à une architecture militaire innovante Cette architecture militaire était alors bien connue puisqu'un cas similaire, daté de la seconde moitié du XIIe siècle, est encore présent au donjon de Niort.

Fortification du front nord, traces de mâchicoulis sur arcs, XIIIe siècle

L'abbatiale-cathédrale et le cloître, vue sud-ouest

Les vestiges de l'abbatiale-cathédrale, Jules Robuchon, fin XIXe siècle
Photographie : Jules Robuchon

Une communauté de vie organisée autour du cloître

Au centre, le cœur monastique

Les moines de Maillezais étaient fidèles à la règle de saint Benoît, qui prône l'ascétisme, la pauvreté ainsi que la rigueur liturgique. Dès 1058, le monastère dépendit de la grande abbaye de Cluny, fondée en Saône-et-Loire par Guillaume, duc d'Aquitaine, au xe siècle. Ainsi, les religieux suivaient l'ordre édicté par la maison-mère, mais l'abbaye fonctionnait toutefois de manière indépendante et n'avait de compte à rendre qu'au pape lui-même. On a longtemps pensé que l'établissement de Maillezais avait accueilli, à sa plus belle époque, près d'une centaine de religieux. Mais même lorsque l'abbaye connut ses plus grandes heures de gloire, la communauté bénédictine ne dépassa pas la vingtaine de moines noirs (surnommés ainsi à cause de leur habit, de couleur noire). En réalité, l'essentiel de la population se partageait entre les oblats et novices venus étudier au monastère, les frères convers dévoués aux activités temporelles et assistés de paysans, mais aussi toute une catégorie de malades, infirmes et retraités, sans compter les nombreux laïcs, hôtes et pèlerins, ainsi que les officiers et hommes d'armes dévoués à la justice, la police et la défense des moines.

L'oblature à Maillezais

Maillezais, comme de nombreux monastères médiévaux, accueillit des enfants que l'on appelait oblats. Confiés par leurs parents à l'abbaye en échange d'un don, ils devaient y recevoir une éducation religieuse et devenir, au terme de leur apprentissage, la relève monastique. Mais cette pratique connut rapidement des dérives : les parents profitaient de ce système afin de placer leurs enfants malades ou atteints de handicaps pour leur éviter un rejet par la société. Malgré de nombreuses interdictions, l'oblature se maintint tout au long du Moyen Âge et devint, avec le temps, un outil de contrôle des abbayes par les grandes familles aristocratiques qui y envoyaient leurs propres fils.

Prêtre se livrant à la simonie
Enluminure du xive siècle
Bibliothèque municipale d'Amiens

Vue générale du cloître depuis le nord-ouest du site

La communauté religieuse de Maillezais vivait autour d'un espace central : le cloître. Lieu de recueillement, de processions et d'inhumations, le cloître monastique est l'élément le plus emblématique d'un monastère. Espace clos exclusivement réservé aux religieux, il symbolise leur volonté de se couper totalement du monde extérieur pour s'élever vers Dieu. Les fondations du cloître de Maillezais, dont il ne reste plus aucune élévation, furent dégagées dans les années 1950, à l'occasion de fouilles privées. L'espace se présentait sous la forme d'une galerie fermée, entourant un jardin central divisé par deux allées dont un puits marque toujours le croisement, et ouvrait sur les bâtiments conventuels dédiés à la vie quotidienne des moines. Les galeries étaient couvertes d'une charpente venant s'appuyer sur une colonnade élancée et richement décorée. Au sol, les vestiges d'un dallage rouge et jaune furent retrouvés. Il présentait une décoration aux motifs variés : sirènes, châteaux, griffons, fleurs de lys, chevaliers, cerfs... Des stèles funéraires recouvraient les dépouilles de prieurs, pitanciers, aumôniers et autres religieux notoires enterrés à proximité du sanctuaire, au niveau de la galerie nord.

Il existe une véritable symbolique du cloître monastique. Généralement accolé à la façade sud de l'abbatiale, il vient prolonger la liturgie en dehors du sanctuaire principal. Le schéma cruciforme des deux allées centrales symbolise la vie physique d'une part, et la vie spirituelle de l'autre. À Maillezais, les allées du cloître formaient une croix latine, c'est-à-dire un « X », abréviation du nom du Christ. Ce symbole, omniprésent dans l'espace monastique, rappelait en permanence aux moines le modèle à suivre.

Les carreaux de pavage du cloître
Historial de la Vendée

Chapiteau dit « aux oiseaux », retrouvé lors de fouilles et exposé dans le réfectoire des pèlerins

Le cloître mallacéen, constituant un intermédiaire entre le monde terrestre et l'univers sacré incarnait, grâce à la finesse de son architecture et la richesse de ses éléments sculptés, un véritable chef-d'œuvre artistique. À Maillezais, les arcades retombaient sur des colonnettes simples ou jumelées, rythmant la construction. L'ensemble des chapiteaux y était historié, prenant probablement appui sur des scènes tirées de l'Ancien et du Nouveau Testament. Ce décor à vocation éducative portait ainsi un message théologique illustrant les concepts de foi et de morale. Le « chapiteau au centaure » retrouvé entre la galerie ouest et le mur de clôture dans les années 1960, reste à ce jour l'exemple le plus emblématique de ce savoir-faire exceptionnel, proche du programme sculpté du grand cloître de Moissac.

L'abbaye de Maillezais conserve au sol les traces de la salle capitulaire, et à sa droite, celles du *scriptorium*-bibliothèque

À l'est, le centre décisionnaire et culturel

La salle capitulaire, également appelée salle du chapitre, tient une place importante dans la vie de la communauté monastique. C'est avant tout une salle de réunion dans laquelle, chaque matin, les moines se réunissent pour passer en revue la journée à venir et décider des affaires importantes du monastère. C'est également dans cet espace que les religieux sont tenus de confesser leurs fautes et solliciter le pardon de l'ensemble de la communauté, ce que l'on nomme le « chapitre des coulpes ». C'est enfin un lieu habituel d'inhumation, qui accueille généralement les dépouilles de religieux éminents tels que des abbés, châtelains, voire des évêques. La salle du chapitre de Maillezais a totalement disparu, et seules les fondations purent être dégagées par des fouilles. À l'image des principales constructions bénédictines, il devait s'agir d'une grande pièce rectangulaire, voûtée d'ogives divisant l'espace en deux ou trois nefs, munie de banquettes en pierre disposées le long des murs, et largement ouverte sur le cloître par une façade aux arcatures richement décorées.

Au sud de la salle capitulaire, les traces d'un vaste *scriptorium*, espace dédié à la copie des manuscrits, sont encore perceptibles au sol. À l'époque médiévale, monastères et abbayes constituaient des centres culturels de premier ordre, où de nombreux manuscrits étaient recueillis, traduits puis recopiés. Les *scriptoria* jouèrent ainsi un véritable rôle dans la diffusion de la littérature en Occident. Selon l'unique plan connu de l'abbaye, dessiné à la fin du XVIIe siècle par Claude Masse, ingénieur du roi Louis XIV, il s'agissait d'une vaste pièce rectangulaire, située à l'angle de la salle capitulaire et du réfectoire au sud, voûtée par un berceau qui la séparait en trois travées. Bien que l'ensemble de l'aile ait totalement disparu, l'étage devait accueillir le dortoir des moines, ainsi que la bibliothèque monastique, dont quelques ouvrages seulement nous sont parvenus.

La salle capitulaire de l'abbaye royale de Saint-Michel-en-l'Herm (85)

Détail du voûtement

Les inhumations à Maillezais

Les fouilles du cloître mirent à jour plusieurs pierres tombales, dont neuf sont aujourd'hui exposées dans les bâtiments de l'hôtellerie. Aumônier, pitancier, prieur, prévôt... Ces dalles présentent ainsi quelques-unes des grandes charges attribuées aux moines et nécessaires au bon fonctionnement du monastère. Mais elles sont également un précieux témoignage de l'écriture médiévale et de son évolution.

Au sud, les lieux de ressource

Le réfectoire est un lieu essentiel pour la vie monastique, car c'est là que se déroule le repas quotidien, pris par l'ensemble de la communauté. C'est un lieu régulier, dans lequel on se restaure en silence, en appliquant un protocole strict énoncé par la règle de saint Benoît. Le tout premier réfectoire roman de Maillezais fut bâti durant la première campagne de construction de l'abbaye, au début du XIe siècle. Comme la majeure partie des bâtiments de l'établissement, il n'échappa pas au grand programme gothique entrepris aux XIIIe et XIVe siècles. La vaste pièce, longue de 32 m et large de 10 m, devait être voûtée en berceau brisé, éclairée par de grandes baies gothiques fermées par des vitraux et aménagée de banquettes en pierre. Une porte ouvrait au nord, vers le cloître. Les moines pénétraient ainsi dans le réfectoire après s'être lavé les mains au *lavatorium*, lavabo extérieur dont l'emplacement est toujours marqué au sol. Bien que seul un dallage, semblable à celui du cloître, ait été retrouvé, il ne fait aucun doute que le réfectoire était entièrement décoré, dans une volonté d'aider les moines à nourrir leur âme en même temps que leur corps. Comme il est généralement d'usage, un moine lisait des récits bibliques depuis une chaire surélevée, aménagée dans l'épaisseur de l'un des murs.

Contrairement aux autres bâtiments, les espaces souterrains de l'abbaye de Maillezais, sont pour la plupart relativement bien conservés. Dans chaque enclos monastique, le cellier constitue le principal lieu de stockage des denrées alimentaires nécessaires à la subsistance de la communauté, tels que les légumes, les céréales et le vin. À Maillezais, le cellier fut directement creusé dans le rocher. Cette implantation n'est pas commune : elle permettait de gagner de la place en surface et de disposer de conditions thermiques idéales. Pour des raisons pratiques, une porte aménagée au sein du cellier offrait un accès direct vers le marais et facilitait ainsi l'acheminement des marchandises depuis l'extérieur vers l'intérieur de l'abbaye. L'architecture et les dimensions des celliers varient considérablement d'une abbaye à une autre, en fonction des ressources et des besoins de chacune. Situé sous le réfectoire des moines, le cellier de Maillezais se présente sous la forme d'une vaste pièce rectangulaire de 28 m de long pour 4,20 m de large, accessible depuis l'aile ouest. Il est voûté en berceau brisé, et on y distingue encore, au niveau de la croisée, une petite figurine joufflue. Il s'agit d'un élément pour le moins unique et original lorsque l'on sait que les celliers, compte tenu de leur rôle purement fonctionnel, sont généralement dépourvus de toute décoration. Située à l'angle nord-est de la pièce, une source devait alimenter une partie de l'enclos. Il est en effet connu que les moines accordent une portée symbolique à l'eau, qu'ils considèrent comme porteuse de vertus purificatrices.

Figurine sculptée à la croisée du voûtement, dans le cellier

Le cellier de Maillezais et son voûtement

L'ouverture au monde laïc

L'hospitalité est l'un des grands principes du fait monastique. Les moines de Maillezais, fidèles à la règle de saint Benoît, aménagèrent très tôt, en marge de l'enclos monastique, un espace dédié à l'accueil des laïcs, qu'ils soient grands seigneurs ou simples voyageurs. Au Moyen Âge, l'accueil fourni par les religieux était essentiel pour la grande communauté des pèlerins : les campagnes étaient très peu peuplées et les gîtes bien moins nombreux qu'aujourd'hui. Sans ces établissements monastiques, disposant d'espaces et des équipements nécessaires à l'accueil des voyageurs, ceux-ci se seraient retrouvés sans abri pendant plusieurs jours.

Les bâtiments de l'hôtellerie, vue depuis l'intérieur de l'abbaye

Les vestiges des bâtiments de l'hôtellerie, gravure de Rochebrune, 1865

La façade sud de l'hôtellerie, face au marais

L'hôtellerie et l'accueil des laïcs

L'hôtellerie de l'abbaye Saint-Pierre fut bâtie face au Marais Poitevin, à proximité du port de Maillezais. Sa façade sud constitue à ce jour l'un des plus beaux vestiges encore en place. Elle était la toute première image que les visiteurs apercevaient de l'abbaye, et devait donc refléter la grandeur et le prestige de l'établissement monastique. S'agissant d'un bâtiment dédié aux laïcs, on y retrouve toutes les caractéristiques de l'architecture civile, digne des grandes constructions aristocratiques médiévales et qui présentent, depuis l'extérieur, une organisation interne bien définie.

Élevés au XIVe siècle au sud-est du site, en marge de l'espace monastique fermé, les bâtiments de l'hôtellerie formaient un quadrilatère ordonné autour d'une cour carrée. De cet ensemble, le temps ne laissa que deux ailes, donnant au bâtiment sa forme d'équerre actuelle. De récentes études ont permis de définir la fonction de l'aile est, que l'on attribuait jusqu'à présent aux pèlerins. En réalité, le bâtiment, composé d'un vaste réfectoire surmonté d'un dortoir, tous deux équipés de cheminées monumentales, de décorations peintes et de grandes baies à coussièges, était destiné à accueillir les hôtes de prestige.

On a longtemps pensé que l'aile sud avait, quant à elle, abrité la communauté des convers, frères laïcs à qui les moines déléguaient l'ensemble des activités temporelles du monastère. C'est une hypothèse qui est aujourd'hui remise en cause. Tout comme le bâtiment est, l'espace, dont les volumes furent profondément remaniés au XIXe siècle, se décomposait en deux parties : un vaste réfectoire au rez-de-chaussée, ainsi qu'un dortoir qui surmontait à l'origine l'ensemble de l'étage de l'aile sud, mais qui fut réduit lors de l'édification d'une hotte au-dessus de la cuisine, à l'extrémité est de l'aile. De récentes études ont montré qu'hôtellerie de prestige et hôtellerie de pèlerins constituaient souvent deux bâtiments distincts, mais liés l'un à l'autre. Il est donc possible que l'aile sud des bâtiments d'accueil à Maillezais fût autrefois réservée non pas à la communauté des convers, mais bien à l'accueil des pèlerins.

En plein cœur des bâtiments de l'hôtellerie, l'abbaye de Maillezais conserve une cuisine unique. Une seconde devait autrefois prendre place autour du cloître des moines, près du réfectoire et des espaces de stockage. Dans cette pièce d'origine carrée, on perçoit encore les traces d'un foyer central disparu, entouré d'un pavage relativement bien conservé. Il communiquait directement avec une hotte octogonale située au plafond, qui a depuis été tronquée. Ce type de construction a très certainement été influencé par des chefs-d'œuvre tels que la cuisine de l'abbaye de Fontevraud ou encore la monumentale hotte du palais des Papes à Avignon. Actuellement, les chercheurs s'interrogent sur la véritable fonction de ces espaces. Au lieu de cuisines, il pourrait plutôt s'agir de fumoirs, très répandus dans les établissements proches des côtes et des rivières, permettant de sécher le poisson afin de mieux le conserver et assurer la subsistance de la communauté.

L'aile nord des bâtiments de l'hôtellerie, un oratoire ?

La Règle de saint Benoît, qui accorde une large place à l'accueil des laïcs, stipule que l'espace dédié doit pouvoir offrir, en plus de l'hospitalité, une véritable assistance spirituelle.

C'est pourquoi un lieu de culte secondaire, de type oratoire, est généralement présent sur le site monastique. À Maillezais, des vestiges d'arcs formerets et de culs de lampe témoignent de l'édification d'une chapelle dédiée aux laïcs et juxtaposée à l'hôtellerie, confirmée par la présence d'une sépulture retrouvée lors de fouilles. Cet espace consacré, approuvé par la communauté scientifique, est toujours visible en élévation sur certains sites clunisiens.

Aile nord, hôtellerie de Maillezais

Le réfectoire des pèlerins

Exemple de hotte semblable à celle de Maillezais : la cuisine du palais des Papes à Avignon

La cuisine de Maillezais

La hotte octogonale de la cuisine de Maillezais

Petit cellier appelé cachot de Rabelais, en sous-sol des bâtiments de l'hôtellerie, Ramuncho, XIXe siècle

La cave à sel de l'abbaye a été creusée dans le rocher, en sous-sol des bâtiments de l'hôtellerie

Maillezais, une seigneurie ecclésiastique

Le moine Pierre de Maillezais relate, dans son récit, que Guillaume le Grand, à la mort de sa mère Emma d'Aquitaine, s'engagea à traiter les moines de Maillezais avec honneur. Grâce aux liens étroits qu'elle entretenait avec la famille ducale et l'aristocratie locale, l'abbaye du marais parvint à se hisser à la tête d'un vaste domaine patrimonial. Elle acquit, essentiellement par dons et concessions, terres, églises et prieurés, qui la hissèrent au rang de seigneurie au sein d'une société féodale. Libéré par le duc de tout lien théorique de sujétion vis-à-vis des laïcs, l'abbé de Maillezais détenait le droit de justice sur l'ensemble de son domaine, percevant taxes et redevances sur ses terres, moulins, fours, et même sur certains cours d'eau.

Le dernier élément contenu dans les donations à l'abbaye de Maillezais est le sel, « l'or blanc » du Moyen Âge. Indispensable pour l'alimentation et la conservation des denrées, principalement des viandes et des poissons, le sel avait une valeur monétaire très importante. C'est pourquoi les seigneurs, à commencer par les ducs d'Aquitaine, cherchèrent très tôt à se doter de salines. Lorsque Guillaume le Grand fit profiter l'abbaye de Maillezais de ses biens, il ne lui céda cependant aucune des salines en sa possession ; probablement le comte ne souhaitait-il pas léguer des revenus qui lui étaient assurés. C'est sous l'abbatiat d'Humbert, entre le XIe et le XIIe siècle, que le monastère de Maillezais effectua son premier achat, à savoir soixante aires de salines. Par la suite, et essentiellement grâce aux dons, l'abbaye en acquit de nouvelles, et obtint également des ports sauniers lui permettant de toucher des droits sur le sel. L'abbaye du marais put ainsi profiter de ce nouvel essor économique et participer pleinement aux activités commerciales de la région.

La « cave à sel », située en sous-sol des bâtiments sud de l'hôtellerie, témoigne de cet essor florissant que connut l'abbaye de Maillezais tout au long du Moyen Âge. Elle fait partie intégrante du réseau d'espaces souterrains destinés au stockage. La pièce, qui s'étend sur toute la longueur du réfectoire des pèlerins, fut taillée dans la roche calcaire dès l'époque romane, puis maçonnée et voûtée en arc brisé. La porte sud, par laquelle pénètre aujourd'hui le visiteur, n'existe que depuis le XIXe siècle. Depuis plusieurs années, les spécialistes se penchent sur le rôle de la tour-porte romane. Accolée à l'aile sud de l'hôtellerie, elle permettait certainement l'accès à l'ensemble des bâtiments d'accueil et devait constituer un espace de communication privilégié entre l'abbaye et le monde extérieur, desservant l'ensemble du réseau souterrain.

L'aménagement du Marais Poitevin

Il fallut attendre le XIIIe siècle pour que l'abbaye de Maillezais commence à s'impliquer dans l'aménagement des marais. Auparavant, les eaux que possédait l'établissement étaient des parties de rivières, la Sèvre et l'Autize. En s'engageant dans des opérations d'ouverture de canaux et d'acquisition de marais, elle s'inscrivit dans un mouvement général de conquête et de mise en valeur du territoire, initié par les moines cisterciens un siècle plus tôt. Dans un premier temps, Maillezais commença par racheter des marais voisins de ceux des moines blancs. En 1217, elle fut le moteur d'un programme de grande envergure : la construction du canal des Cinq Abbés. Une association avec les abbayes de Nieul-sur-l'Autise, Saint-Maixent, Saint-Michel-en-l'Herm et l'Absie lui permit de partager la prise en charge tant du point de vue de l'organisation que du financement. À la différence des achenaux cisterciens, le nouveau canal fut conçu comme un écours général, destiné à desservir plusieurs enceintes de dessèchement de marais désignés. Dans le courant du XIIIe siècle, l'abbaye fit ouvrir, toujours en collaboration avec d'autres établissements, de nouveaux canaux stratégiques dans l'écoulement des eaux, tels que le canal de Neuf ou celui, plus connu, de la Brune.

La création des achenaux et le détournement de l'Autize, entrepris dès le XIIe siècle pour assécher les marais, n'eurent pas pour seul but de protéger le site, mais ils conférèrent également à l'abbaye une importance économique notoire. Au terme de ces grands chantiers, l'abbaye du marais se retrouva propriétaire d'un certain nombre d'ouvrages, exerçant ainsi une véritable maîtrise partagée du réseau hydraulique de la région. Désormais protégées par les digues, les terres desséchées, qui représentaient plusieurs hectares, se transformèrent en terres agricoles prospères. Le monastère mit en place de nouvelles structures de type moulins et pêcheries, dont le droit sur la Jeune Autize n'appartenait qu'à l'abbé de Maillezais. À partir du moment où il fit créer sa propre infrastructure, directement reliée aux zones de stockage, et permettant le commerce du sel, du vin et des céréales, ce dernier ne dépendit plus du port de Maillé. Ainsi, grâce à ce nouvel aménagement, l'abbaye poursuivit son développement au nord et au sud de la Sèvre, et tint une place privilégiée au sein de ce commerce régional, lui assurant, pour les siècles à venir, une prospérité et une notoriété inestimables.

L'abbaye de Maillezais, au cœur du Marais Poitevin

Aux pieds de l'abbaye, le port de Maillezais, Jules Robuchon, fin XIXe siècle

Cet ouvrage a été conçu par la Direction du Patrimoine Culturel du Conseil général de la Vendée.

Textes de Marion Cellier et de Marion Blanchet.

Nous adressons nos remerciements à tous ceux et celles qui, par leurs recherches et travaux, nous ont permis de réaliser cet ouvrage et notamment Messieurs Emmanuel Barbier, Thierry Cornec et Jocelyn Martineau.

Nous remercions particulièrement la famille Trichereau.

CRÉDITS PHOTOGRAPHIQUES :

Pascal Baudry : 1re de couverture

David Fugères : p. 4
p. 23 Vue générale du cloître
p. 27 Les deux images du cellier
p. 29 La façade sud de l'hôtellerie
p. 32 La cave à sel

Musée Bernard d'Agesci, Communauté d'Agglomération de Niort :
p. 8 Gisant de Goderan (835.1.5)
p. 9 Tête sculptée de Geoffroy la Grand'dent (835.1.8)
p. 11 Clef de voûte (835.1.21
p. 16 Elément de jubé (835.1.9)

Bibliothèque d'Amiens-Métropole :
p.26 Prêtre se livrant à la simonie Ms.356 F, fol 094v

ISBN : 978-94-6161-146-8
Dépôt légal : D/2014/0012/14
Imprimé en Union européenne

Direction : Philip Van Bost
Responsable France : Lamia Guillaume
Contribution éditoriale : Lamia Guillaume
Correctrice : Françoise Cordaro
Conception et réalisation graphique : GBL